上海市工程建设规范

绿色公路技术标准

Technical standard of green highway

DG/TJ 08—2348—2020

J 15507—2021

主编单位:上海市城市建设设计研究总院(集团)有限公司

批准部门:上海市住房和城乡建设管理委员会

施行日期:2021 年 5 月 1 日

同济大学出版社

2021 上海

图书在版编目(CIP)数据

绿色公路技术标准/上海市城市建设设计研究总院(集团)有限公司主编. —上海: 同济大学出版社, 2021.5

ISBN 978-7-5608-9848-3

Ⅰ. ①绿… Ⅱ. ①上… Ⅲ. ①道路工程—技术标准—上海 Ⅳ. ①U41-65

中国版本图书馆 CIP 数据核字(2021)第 051063 号

绿色公路技术标准

上海市城市建设设计研究总院(集团)有限公司 **主编**

策划编辑 张平官

责任编辑 朱 勇

责任校对 徐春莲

封面设计 陈益平

出版发行 同济大学出版社 www.tongjipress.com.cn

(地址:上海市四平路 1239 号 邮编: 200092 电话:021-65985622)

经 销 全国各地新华书店

印 刷 浦江求真印务有限公司

开 本 889mm×1194mm 1/32

印 张 2.25

字 数 60 000

版 次 2021 年 5 月第 1 版 2021 年 5 月第 1 次印刷

书 号 ISBN 978-7-5608-9848-3

定 价 25.00 元

上海市住房和城乡建设管理委员会文件

沪建标定〔2020〕718号

上海市住房和城乡建设管理委员会
关于批准《绿色公路技术标准》
为上海市工程建设规范的通知

各有关单位：

由上海市城市建设设计研究总院（集团）有限公司主编的《绿色公路技术标准》，经我委审核，现批准为上海市工程建设规范，统一编号为DG/TJ 08—2348—2020，自2021年5月1日起实施。

本规范由上海市住房和城乡建设管理委员会负责管理，上海市城市建设设计研究总院（集团）有限公司负责解释。

特此通知。

上海市住房和城乡建设管理委员会

二〇二〇年十二月三日

前　言

根据上海市住房和城乡建设管理委员会《关于印发〈2019 年上海市工程建设规范、建筑标准设计编制计划〉的通知》（沪建标定〔2018〕753 号）的要求，由上海市城市建设设计研究总院（集团）有限公司会同相关单位编制本标准。

编制组经过深入调查研究，认真总结国内外科研成果和大量实践经验，参考相关标准，并在广泛征求意见的基础上，制定本标准。

本标准共 7 章，主要内容包括：总则；术语；基本规定；设计；施工；运维；验收与评估。

各单位及相关人员在执行本标准的过程中，如有意见和建议，请反馈至上海市交通委员会（地址：上海市世博村路 300 号 1 号楼；邮编：200125；E-mail：shjtbiaozhun@126.com），上海市城市建设设计研究总院（集团）有限公司（地址：上海市东方路 3447 号；邮编：200125；E-mail：yuzhenqing@sucdri.com），上海市建筑建材业市场管理总站（地址：上海市小木桥路 683 号；邮编：200032），供今后修订时参考。

主 编 单 位：上海市城市建设设计研究总院（集团）有限公司

参 编 单 位：上海市政工程设计研究总院（集团）有限公司
上海城投公路投资（集团）有限公司
上海公路桥梁（集团）有限公司
上海浦江桥隧运营管理有限公司

主要起草人：徐一峰　虞振清　赵建新　冀振龙　蒋海里
张颖君　蔡　氧　李雪峰　解雯静　刘经熠
卢永成　刘　佳　董晓勇　顾　民　璩泽东

包鹤立　黄慰忠　葛景春　史璐琨　韩　飞
高　原　朱世峰　梁修诚　许　严　魏明明
杨一蛟

主要审查人:王维凤　温学钧　赵荣欣　徐利平　孙九春
曹文根　谢　懿

上海市建筑建材业市场管理总站

目　次

Contents

1 总 则

1.0.1 为规范本市绿色公路建设，明确设计、施工、运维、验收与评估的技术要求，制定本标准。

1.0.2 本标准适用于本市各级公路的新建、改扩建及养护维修工程。

1.0.3 绿色公路建设应结合本市地域条件，在项目的全寿命周期中全面贯彻资源节约、环境保护、节能提效、品质提升的理念。

1.0.4 绿色公路建设除应符合本标准外，尚应符合国家、行业和本市现行有关标准的规定。

2 术 语

2.0.1 绿色公路 green highway

绿色公路是一种公路建设与发展的模式,是在规划、设计、施工、运维的全寿命周期中,以控制资源占用、减少能源消耗、保护和改善生态环境、降低污染排放为核心价值理念,采用先进、适用的新技术、新产品、新材料、新能源,以实现公路工程外部刚性约束与内在供给之间的合理有效均衡。

2.0.2 绿色公路设计 green highway design

在满足公路功能和交通需求的基础上,以可持续发展理念充分考虑公路全寿命周期中可能对环境、资源造成的影响,采取科学、因地制宜的设计措施,促进公路建设和运行向更节能、更环保、更安全、更舒适方向发展的公路设计活动。

2.0.3 绿色公路施工 green highway construction

在保证质量、安全等基本要求的前提下,通过新技术、新材料、新工艺、新设备的应用和管理创新,最大程度地保护生态环境、提高资源利用效率、降低能源消耗和减少污染物排放的公路施工活动。

2.0.4 绿色公路运维 green highway maintenance

以全寿命周期的理念,运用科学运营管理手段和先进检测、维修技术,在保证公路运营安全、通行效率与养护质量的同时,显著降低资源占用、减少环境污染和能源消耗,实现公路长期高水平运维,同时向公众提供更安全、更舒适、更便捷、更美观通行环境的公路运营、养护、日常维修等活动。

3 基本规定

3.0.1 绿色公路设计应符合下列要求：

1 应以批准的国土空间规划为依据，与城市总体规划、道路交通规划以及生态环境、历史文化保护、管线综合、公共交通等专项规划相衔接。

2 应根据设计使用年限，综合考虑施工和运维的安全、环境及社会影响、经济成本等因素，选用综合效益最佳方案。

3.0.2 绿色公路施工应符合下列要求：

1 应全面贯彻落实国家和本市有关环境与资源保护的法律、法规。

2 应提前策划施工组织、材料采购、现场施工、工程验收等各阶段的绿色施工方案，并加强控制、管理和监督。

3 宜采用工厂预制、现场安装等工业化程度较高的施工工艺。

4 应对施工过程进行环境和水土保持监测，并根据监测结果及时调整施工方案。

5 应结合项目特点，定期对相关人员进行绿色施工知识培训。

3.0.3 绿色公路运维应在不降低原公路技术标准的前提下，通过有效的技术措施和管理手段，使公路设施保持优良状态，持续提升公路使用品质。

3.0.4 应结合建设条件和工程经验，在绿色公路设计、施工和运维的各个阶段，因地制宜地选用新技术、新材料、新工艺、新设备。

4 设计

4.1 总体要求

4.1.1 绿色公路应做好总体设计，使工程方案与沿线环境相互协调，充分发挥项目交通功能和整体环境效益。

4.1.2 绿色公路设计应采取有效措施消除或减小下列影响：

1 路线走向对土地利用规划、历史保护建筑、古树等不可移动文物和风景区的影响。

2 工程实施对沿线自然、生态、社会环境的影响。

3 路基填挖方对自然环境、水土保持的影响。

4 施工工艺、筑路材料及能源供应对自然、资源环境的影响。

5 桥梁跨径及结构材料对规划及现有航道、河道水系的影响。

6 隧道施工对水文地质、周边生态环境的影响。

7 公路工程对湿地保护、地表径流、动物迁徙等生态环境要素所带来的分割影响。

8 路线走向以及交通量增加对环境敏感点的噪声、废气等环境影响。

4.1.3 绿色公路设计应符合下列要求：

1 应根据沿线土地利用、生态环境、路网布局、交通功能、征地拆迁、工程地质与技术经济等因素合理选用技术标准。

2 建设规模应符合地区发展和交通增长需求，并与生态环境相适应。

3 线形设计应在保障安全的前提下选择合理的技术指标，使公路线形、构筑物与沿线环境相协调。

4 在满足交通功能的前提下，应以紧凑布局、减少占地为原则，合理控制公路路段、平面交叉、立体交叉、附属设施的规模，因地制宜确定公路用地范围。当采用分期建设时，应对分期工程的预留及衔接方案进行充分比选和论证。

4.1.4 路基设计应结合工程地质条件与周边环境，确定合理的路基高度、路基排水及路基防护形式等。

4.1.5 路面设计应根据交通等级和使用环境要求，选用结构强度高、耐久性好、与环境相适应的路面结构形式与材料。

4.1.6 桥梁、隧道设计应结合沿线环境及社会特点，合理选择桥梁接坡、隧道洞口的布置方案，并与周围环境、景观、建筑等相协调。

4.1.7 附属设施设计应综合考虑环境特点和人性化需求，合理选址、优化布局、提升服务，并满足现行相关规范的要求。

4.2 资源利用

4.2.1 平面设计应在满足使用功能和运行安全前提下，集约利用通道资源，并符合下列要求：

1 新建公路宜与铁路、轨道交通、管廊设施等共用通道或共用线位。

2 在满足交通功能的前提下，宜选择征地拆迁少的路线走向方案，并避让基本农田、林地、水源地和自然保护区。

3 改扩建公路应统筹利用原有通道资源。

4.2.2 纵断面设计应符合下列要求：

1 应合理控制路堤填筑高度。

2 应贯彻“零弃方、少借方”理念，结合工程沿线建设需求和服务区等场站建设，统筹利用弃土。

3 在土地资源或用地条件受限的路段，路基边坡设计经技术、经济论证后可采用挡土墙，减少公路放坡占地面积。

4 改扩建公路纵断面设计标高不应低于既有路面标高，并宜顺应既有路面起伏。

4.2.3 横断面设计应明确公路的各类交通及设施的空间需求，合理分配横断面宽度，并符合下列要求：

1 应根据功能、等级、交通流量等要素，结合沿线地域特点、历史文化特色、地形建筑分布、环境保护要求等建设条件，确定机动车道的位置、规模与宽度。需要设置非机动车道、人行道的，应确定其位置及最小宽度。

2 横断面布置宜统筹地上、地下各类管线设施，满足各类公共管线共通道布置的需求，满足各类管线对通道资源的合理使用。

3 在保证通行能力的前提下，改扩建工程横断面设计应注重对既有行道树的保护和利用。

4.2.4 在满足交通需求的前提下，平面交叉口设计应合理选用缘石半径，对交通组织进行精细化设计。

4.2.5 立体交叉设计应符合下列要求：

1 应依据路网规划和交通发展要求，科学布局合理选型，处理好主线、辅路、匝道、被交公路之间的相互关系，降低立体交叉复杂程度。

2 互通式立体交叉在满足交通功能的前提下，应选用占地少的方案，其用地指标宜符合表4.2.5的规定。当用地指标大于表4.2.5的规定时，应进行必要的技术经济论证。

表 4.2.5 公路互通式立体交叉用地指标

交叉形式		枢纽型	单喇叭型	菱形
公路等级	高速公路(hm^2/座)	30～55	13～16	13～16
	一级公路(hm^2/座)	30～45	13～16	13～16

注：①表中在转向交通量较大，或交叉条件复杂、用地规模受地形地物影响较大的情况下可取高值。转向交通量较小、匝道设计速度较低，或其他情况下宜取低值。②表中单喇叭型不包括主线、被交叉公路和匝道之间的三角区用地。

3 应对立交范围内用地进行复合利用，布置绿化、公交场站、海绵城市设施等市政设施。

4.2.6 服务区、管理中心设计应符合下列要求：

1 服务区、管理中心应统一规划、合理布局，具备条件时，宜与其他相关设施同址合建。

2 服务区在满足功能、符合相关设计标准的基础上，应集约、紧凑布置，其用地指标宜符合表 4.2.6 的规定。当用地指标大于表 4.2.6 的规定时，应进行必要的技术经济论证。

表 4.2.6 公路服务区用地指标

服务区分类	一侧停车规模（辆）	面积（hm^2）
大型	80～150	1.20～1.70
中型	50～80	0.85～1.20
小型	30～50	0.65～0.90
服务点	—	0.20～0.33

3 管理中心宜合并设置收费站、交通监控和通信管理、路政管理、交通管理和运行管理等服务管理设施。若确需单独设置时，其用地指标不宜大于 0.5 hm^2。

4.2.7 路基处理应符合下列要求：

1 挖方及沟槽开挖的弃土宜就地利用，避免外运。当用于路基填筑时，宜对其采用无机结合料稳定处治后使用。

2 在满足环境评价及技术要求的前提下，填方路基宜优先采用建筑废料、老路结构翻挖废料、工业废渣、生活垃圾焚烧炉渣、弃土固化土、砂石粒料等材料填筑；为满足沉降控制要求，高路堤或拓宽路基宜采用二灰、泡沫轻质土、膨胀聚苯乙烯(EPS)块等轻质填料进行回填。

3 明、暗浜路基处治时，宜对浜底淤泥就地固化利用。

4.2.8 路面设计应符合下列要求：

1 宜采用现场再生或厂拌再生技术对老路翻挖结构予以利用。

2 在满足环境评价及技术要求的前提下，各级公路的粒料类底基层或功能层宜采用建筑废料、工业废渣或生活垃圾焚烧炉渣等材料。

3 高速公路和一级公路半刚性下基层及底基层、二级及二级以下公路的半刚性基层和底基层宜采用厂拌或现场再生无机结合料稳定类混合料。

4 各级公路的柔性基层或底基层宜采用沥青再生混合料。

5 高速公路和一级公路沥青下面层宜采用厂拌温再生或厂拌冷再生沥青混合料，中面层宜采用现场再生沥青混合料。

6 二级及二级以下公路的上面层宜采用厂拌温再生或厂拌冷再生沥青混合料，中、下面层可采用厂拌温再生、厂拌冷再生沥青混合料或现场再生沥青混合料。

7 非机动车道的各面层宜采用厂拌温再生、厂拌冷再生沥青混合料或现场再生沥青混合料。

8 人行道的水泥混凝土类铺装面层及基层宜采用再生骨料混凝土。

4.2.9 公路附属设施应采用可再生、绿色、环保的材料，并符合下列要求：

1 在满足使用功能的前提下，交通标志、防撞护栏、人行护栏、分隔栏（墩）、禁入栅、龙门架等设施的材料应采用环保和可回收材料。

2 交通标志等设施的主动发光面板宜采用太阳能等可再生能源。

3 交通标线应采用耐久、耐磨、耐候、防滑的环保材料，并宜具有透水功能。

4 公路城镇段宜以“能合则合”为原则，优先将照明灯杆作为其他各类杆件归并整合的主要载体，对路灯、信号灯、交通标志牌、监控设备及相关电源箱、设备箱等设施合并设置。

4.2.10 公路桥型结构及材料的选择应综合考虑全寿命周期内的经济性和环境可持续性，并符合下列要求：

1 宜选用高性能、低能耗、可循环利用的材料；不得采用高耗能、污染超标及国家、地方限制使用或淘汰的材料。

2 应选择受力明确、外形简洁、施工养护便捷的桥型结构。在非水源保护区内，跨径 40 m 以上的多跨梁桥宜选用钢结构或钢-混凝土组合结构形式。钢结构应选用耐久环保、挥发性有机化合物排放少、环境友好型的涂装体系。

3 下部结构宜选用空间利用率高、土地资源节约的结构形式。

4 改扩建桥梁宜选用建造速度快、对既有交通影响小的结构方案，并应根据检测情况，对老桥结构的可利用性进行论证。对于质量和功能遭到破坏无法继续使用的桥梁，应对可再用部件进行回收利用。

4.2.11 对达到设计使用年限的桥梁，应对桥梁质量和功能进行检验和确认。承载能力弱化的桥梁，经论证满足公路功能及交通需求并采取相应限制措施后，可降低桥梁承载等级继续使用。对无法继续使用的桥梁，应对可再用部件进行回收利用。

4.2.12 隧道结构形式及材料的选择应综合考虑全寿命周期内的经济性和可持续性，并符合下列要求：

1 隧道明挖段结构支护形式应根据基坑深度、工程地质、水文地质、周边环境保护要求和施工条件等确定，围护及支撑宜采用钢材等可回收材料制作。

2 盾构段隧道圆形衬砌结构与车道板宜采用预制装配技术。在满足工程使用、结构受力、防水和耐久性等要求的前提下，优先选用单层装配式钢筋混凝土衬砌。隧道盾构段的预制装配率（含预制管片）不应小于 85%。

3 宜对盾构施工产生的废浆进行干化处理及资源化利用。

4.2.13 在技术规格和应用环境符合国家或行业现行标准的条件下，公路排水设计宜采用预制检查井。

4.3 环境保护

4.3.1 公路平面设计应满足环境保护要求，并符合下列要求：

1 在满足公路功能、规划要求的前提下，平面设计应合理定线、灵活采用线形指标，避让环境社会敏感点。

2 应注重公路沿线实际情况，避免穿越农田或林地；当难以避免时，应利用农林用地边界区域合理、集约布置。对确需搬迁的大型乔木，宜采用移植方案。

3 公路与河道斜交角度小于等于40°时，桥梁墩台宜平行河道中心线布置。当斜交角度大于40°时，宜调整河道蓝线或公路的规划线位，减小公路与河道斜交角度。

4.3.2 公路路基及路基防护设计应采取环境保护措施，并符合下列要求：

1 软土地基加固方案应考虑对周边环境的影响，避免采用易造成环境污染的方案。

2 采用全透水路面结构时，应做好路基排水设计。

3 公路边坡设计宜采用植草防护，采用浆砌片石护坡、挡土墙结构时，宜在坡面或墙面设置骨架植被或垂直绿化。

4 挡土墙宜采用预制装配技术。

4.3.3 公路路面设计应采取环境保护措施，并符合下列要求：

1 在保证沥青混合料品质、性能及施工工艺的前提下，环境敏感地区应采用能够明显降低空气污染、减少沥青异味的环保沥青材料。

2 人行道及非机动车道铺装宜采用透水铺装结构。人行道水泥混凝土面层铺装宜采用预制装配技术。

3 在适应交通需求的情况下，声环境敏感地区宜采用降噪沥青路面。

4.3.4 桥梁结构设计应充分考虑环境保护要求，遵循标准化和工厂化的设计原则，并符合下列要求：

1 应根据公路规划需要，预留桥梁使用升级空间。

2 上部结构应采用预制装配技术，桥墩、桥台设计宜采用预制装配技术，桩基础宜采用预应力高强混凝土管桩或钢管桩。

3 位于水源保护区内的桥梁，应选用混凝土结构。如确需采用钢结构，应对钢结构防腐涂装体系提出明确的环保要求，并通过优化钢梁挑臂及设置排水设施，有效减少钢结构与雨水的接触。

4 跨越敏感水体时，桥梁基础应因地制宜选用沉入桩、灌注桩、沉井等形式。

4.3.5 隧道结构设计应充分考虑对环境的保护，遵循预防为主、防治结合、综合治理的原则，并符合下列规定：

1 隧道相关噪声污染防治应按现行上海市工程建设规范《道路隧道设计标准》DG/TJ 08—2033 相关要求执行。

2 隧道主线洞口距环境敏感保护建筑的防护距离宜大于 20 m。

3 隧道内污染空气排放宜采用高风井集中排放，高风井高度应满足环保要求；当实施困难时，可采用机械式分散排放或污染空气净化的方式。

4 泥水平衡盾构应设置相应的泥水分离和处理设备，选用的泥浆及分离添加剂应符合环保要求。

4.3.6 公路排水设计应采用海绵城市生态和绿色理念，加强对地表径流和面源污染的管控，结合公路和景观绿化设计，因地制宜采用低影响开发等生态化措施，并符合下列要求：

1 应结合海绵城市专项规划或相关要求，合理确定年径流总量控制率目标和年径流污染控制率目标。

2 应合理规划公路竖向标高，利用公路绿化分隔带和两侧绿带，设计雨水花园、下凹式绿地、湿塘等低影响开发设施。

3　公路边沟宜采用植草沟等生态化形式。

4　雨水口应结合低影响开发设施布设，可采取溢流进入的方式。雨水口内应设置截污挂篮等污染拦截装置。

5　桥梁排水立管宜接入桥梁下方的绿化带，绿化带内设置低影响开发设施。

6　穿越自然保护区、水源保护区等敏感地区时，应对路面雨水进行收集和处理，初期雨水未经处理不得直接排放。

4.3.7　公路服务设施排水设计应贯彻海绵城市和绿色理念，并符合下列要求：

1　应结合场地设计和建筑布局合理布置雨水控制和利用系统。

2　应采取雨污分流排水体制，雨污水经收集后宜排入市政管网。若周边无市政污水管道，应根据受纳水体的水环境要求采取相应的污水处理措施，处理达标后排放。

4.3.8　公路两侧规划绿带的单侧最小宽度不宜小于 5 m。

4.3.9　植物选用应以低养护、适地适树为原则，并符合下列要求：

1　应选用适应公路绿地土壤条件、抗逆性强的地域性植物种类。

2　不宜选用需经常修剪的绿化种类及种植方式。

4.3.10　植物布置应以生物多样性为原则，并符合下列规定：

1　宜保护、利用场地内原有的自然植被及苗木资源。

2　宜发挥绿化的隔音、降噪、滞尘及减震功能。

3　宜采用乔木、灌木和草本搭配形成多层次、多种类、自然稳定的植物群落。

4　栽植大乔木的胸径不应大于 18 cm。

5　大乔木种植间距不宜小于 8 m，小乔木种植间距不宜小于 5 m，灌木类种植间距不宜小于其栽植时蓬径的 3 倍，地被类种植间距不宜小于栽植时单株蓬径的 2 倍。

6　对土质较差的路段应改良土壤。

4.3.11 种植设计应符合下列要求：

1 应结合周边环境，营造自然、野趣的公路景观。

2 应注重公路线形连续的空间特色，宜采用大乔木或本市落叶秋色大乔木为主景植物。

3 应体现公路沿线的地域文化特色。

4.3.12 应对公路不同部位的植物进行针对性设计，并符合下列要求：

1 中央分隔带应选用根系发达、不易倾覆的植物，种植形式应具有防眩光的功能。

2 土路肩宜选择草本地被。

3 路基边坡宜选择根系发达、具有固土功能的小灌木式地被。

4.3.13 宜考虑小型动物的穿越需求，并符合下列要求：

1 宜根据地域性的野生动物生境分布，为野生动物创造横穿公路的通道。

2 宜在公路两侧绿带内设置连续的灌木带，并选用与周边原生环境相似的植被。

4.4 节能提效

4.4.1 公路平面、纵断面设计应综合考虑公路牵引能耗及运输成本等因素，控制纵断面起伏，路面平整度应满足相关规范的要求。

4.4.2 公路照明应遵循绿色环保、节能减排的原则，并符合下列规定：

1 宜根据气候和自然资源条件，利用太阳能、风能等可再生能源提供夜间公路照明用电。电能转化应满足不利环境条件下的夜间路灯正常照明的用电量需求，夜间亮灯时长应符合本市相关规定。

2　宜选用干式节能型路灯供电变压器，变压器的空载损耗和负载损耗值均应符合现行国家标准《电力变压器能效限定值及能效等级》GB 20052 的规定。

3　应采用高效节能的 LED 光源，LED 灯具的功率因数不小于 0.9，效能应符合现行上海市工程建设规范《道路照明工程建设技术规程》DG/TJ 08—2214 的相关规定。

4　应合理选择灯具布置方式及间距，机动车道照明功率密度值不应大于现行上海市工程建设规范《道路 LED 照明应用技术规范》DG/TJ 08—2182 中的相关规定。

5　宜采用根据天空亮度变化进行修正、光控与时控相结合的照明控制方式。宜根据公路的照明等级以及不同时间段的交通流量、车速、环境亮度等因素，对路面照度进行智能调节。

4.4.3　隧道设计应对通风、照明、水泵等能耗较大的设备全面考虑可实施的节能措施，并符合下列要求：

1　隧道通风宜选择纵向通风的方式。

2　隧道基本照明宜选用 LED 光源，并具有调光控制功能。

3　出入口加强照明宜具备适应洞外亮度自动调节的能力。

4　在满足设计扬程的前提下，隧道水泵的运行宜处在高效区范围内。

4.4.4　智能交通系统配置应符合下列要求：

1　高速公路应全线建设视频监控设施，主线路段、收费广场、互通立交、大型桥梁和隧道应实现视频监控全覆盖。应建设交通事件检测系统、非现场执法系统、缉查布控系统、入口治超系统、气象检测系统。应为自动驾驶预留通信、供电等建设条件。

2　一级公路应全线建设交通信息采集系统、交通信息诱导系统、交通事件检测系统，宜根据需要建设公路设施健康检测系统，构建联网联控的公路信息化管理系统。应全线建设具备智能分析功能的全覆盖视频监控系统。信控交叉口宜采用区域自适应协调交通信号控制系统。应为自动驾驶预留通信、供电等建设条件。

3　二级公路应在重要路段、交叉口建设交通信息采集系统、交通事件检测系统，宜根据需要建设交通信息诱导系统、公路设施健康检测系统等。信控交叉口宜采用区域自适应协调交通信号控制系统，或具备无线缆协调控制功能的交通信号控制系统。

4　三级公路、四级公路可在重要路段、交叉口建设交通信息采集、交通事件采集等信息化系统。

4.4.5　收费系统设计应以提高可靠性、降低延误时间、减少车辆能源消耗及尾气排放为原则，推广电子不停车收费（ETC）系统的应用，扩大不停车收费规模，并符合下列规定：

1　专用不停车收费车道设计通行速度不宜低于 40 km/h，并应满足高峰期间平均等待不超过 1 辆的服务水平。

2　公路通行费支付方式应支持移动支付和第三方支付。

4.5　品质提升

4.5.1　在公路城镇段、景区段或人群活动较多的区域，宜按需设置非机动车道和人行道，其设计应符合现行行业标准《城市道路工程设计规范》CJJ 37 和现行上海市工程建设规范《城镇化地区公路工程技术标准》DG/TJ 08—2274 的相关规定。路侧有绿道系统时，非机动车道和人行道可与之结合布置。

4.5.2　机动车密集出入的路段，应结合乡道村道位置，设置必要的平行联络道或增加集散车道。

4.5.3　宜结合公路景观、沿线人文及自然景观设置观景平台、临时停车区或服务区，结合车辆及司乘人员的实际需求，合理确定功能设施配置。

4.5.4　服务区、临时停车区的配套建筑应采用绿色建筑理念设计，并应符合现行上海市工程建设规范《公共建筑绿色设计标准》DGJ 08—2143 的要求。

5 施 工

5.1 资源利用

5.1.1 绿色公路施工应贯彻永临结合、节约水土资源的理念，并符合下列要求：

1 应严格控制施工临时用地，充分利用永久性征地范围布置施工临时场地。

2 施工结束后，应恢复临时用地的原有土地功能，原农业用地复耕率应达到100％。

3 施工现场生产、生活用水应采用节水型用水器具，在水源处应设置明显的节约用水标识。

4 施工宜采用节水工艺，混凝土养护应采用薄膜、塑料布或其他材料包裹覆盖保水养护。

5 施工现场应设置废水回收设施，对废水回收后循环利用，避免无组织漫流。冲洗池及洗车池应设沉淀池及清水池，对洗车、冲车污水应进行循环利用。

5.1.2 绿色公路施工中应合理使用材料，降低材料损耗，并符合下列要求：

1 宜设置钢筋集中加工中心。钢筋加工中心内宜设置数控加工设备、自动化加工设备。

2 同等直径的钢筋原材宜选用盘螺钢材。

3 应按规定要求对周转材料进行装拆、堆放及保管，延长使用寿命，并选用耐用、维护与拆卸方便的周转材料和机具。

4 宜对浇筑主体结构工程的混凝土余料进行充分利用，用于路面浇筑、便道修补、场地硬化等。

5.1.3 绿色公路施工应对废旧材料回收利用，并符合下列要求：

1 应建立可回收再利用物资清单，制定并实施废料回收管理办法。

2 混凝土、块石等强度较高的建筑废料，宜采用机械化破碎，经筛分后，可用于生产不高于C30强度等级水泥混凝土。废弃构筑物等强度较低的建筑废料，经过破碎筛分后，可用作地基加固材料。废弃构筑物宜现场切割后送至破碎中心集中破碎。

3 施工措施材料宜循环利用。

4 应统一存放施工产生的废弃木模板，处理后可作为再生木板的原材料或造纸等。

5.1.4 绿色公路施工应积极使用新材料、新工艺，促进材料循环利用，并符合下列要求：

1 施工便道宜采用装配式技术，并与永久工程结合布置。

2 施工临时设施宜采用模块化、装配式结构及可循环利用材料拼装搭建。

5.2 环境保护

5.2.1 绿色公路施工应加强保护生态环境，并符合下列要求：

1 应针对自然保护区、风景名胜区及重要湿地等生态敏感区的主要保护对象及保护要求，制定生态环保施工专项方案，严格落实环保措施，采取扰动范围小、影响程度低、施工时间短的施工工法，实施生态补偿措施，降低施工对生态环境的影响。

2 应加强对施工人员的环保培训工作，禁止随意破坏植被和猎捕野生动物。

3 森林路段施工单位应加强防火知识教育，宜在施工用地两侧边界建设临时阻火带。

4 施工完成后，应恢复边坡及隧道洞口植被，取弃土场应进行绿化恢复或复耕。

5.2.2 绿色公路施工应加强保护水土环境，施工过程中，应针对裸露地表采取防护措施，临近水域应采取有效拦挡措施。

5.2.3 施工临时设施的办公与生活区布置应符合下列要求：

1 办公区、生活区的生活垃圾应定期分类收集，及时交当地环卫部门统一处理。

2 办公区、生活区、食堂的污水排放，应设置防堵、防溢漏措施，经过三级沉淀后排入市政污水管网或采用污水处理设备处理后排放。

5.2.4 绿色公路施工中，应对废弃材料进行妥善处理，有毒有害废弃物应回收后交由具备相关资质的单位处理，不可作为建筑垃圾外运。

5.2.5 绿色公路施工中应严格控制扬尘与泥浆排放，降低污染，并符合下列要求：

1 施工单位宜配备管理人员对弃土的处置实施现场管理，施工现场的施工垃圾及弃土应集中堆放和封闭，及时外运。应使用密闭式运输车辆运输土方、渣土和施工垃圾，并在现场出入口处设置车辆冲洗设施，保证车辆外皮和轮胎冲洗干净，不得将泥沙带出现场。

2 土方作业阶段，应采取洒水、覆盖等措施，作业区目测扬尘高度应小于 1.5 m，且不应扩散到施工区域外。

3 现浇混凝土及建筑砂浆应采用预拌混凝土及砂浆，施工现场、料场及便道应适时洒水降尘。

4 遇有四级以上大风天气，不得进行土方回填、转运。

5 袋装粉料运输时，应严密遮盖，散装粉料应采用密闭粉罐运输。

6 施工区域主要施工便道应进行硬化处理，降低扬尘。

7 宜在施工现场安装环境扬尘监测仪等设备，运用信息化手段提高绿色施工水平。

8 宜对施工产生的泥浆采用固化技术处理，减少泥浆排放。

5.2.6 拌合站等场站布置应符合下列规定：

1 有污染气体排放的拌合站、发电站、堆料场等应设立在施工季节中敏感区主导风下风侧；当场地条件无法满足时，应采用密闭、隔离和负压操作等措施，或设置集气(尘)系统进行收集处理，将污染物限制在较小空间内。

2 沥青混合料拌合站宜远离居民区、学校等敏感区不小于200 m。

3 拌合站内材料宜采用封闭式存放，并宜设置喷淋系统。

5.2.7 绿色公路施工应注重空气、声、光环境保护，并符合下列要求：

1 施工机械尾气排放应符合现行国家标准《非道路移动机械用柴油机排气污染物排放限值及测量方法(中国第三、四阶段)》GB 20891 的要求，施工车辆尾气排放应符合国家当前汽车排放标准规定。

2 施工现场应严格按照现行国家标准《声环境质量标准》GB 3096 的要求，降低施工噪声，合理安排施工时间，不得噪声扰民。

3 对混凝土输送泵、振捣棒、木工棚、刨锯、钢筋加工场等强噪声设备，宜采取相应降噪防护措施，应减少施工作业区车辆鸣声。

4 应控制照明设施照度，不应干扰沿线生态环境及居民生活，夜间室外照明灯应加设灯罩，透光方向应集中在施工范围，避免直射居民区。

5 电焊作业应采取遮挡措施，避免电焊弧光外泄。

5.3 节能提效

5.3.1 施工单位应采用国家、行业推荐的节能、高效、环保的施工设备和机具。

5.3.2 施工机械的管理及使用应符合下列要求：

1　应合理安排工序，提高各种机械的使用率和满载率。

2　应采用功率与负载相匹配的施工机械设备，避免大功率施工机械设备低负载长时间运行。

5.3.3　绿色公路施工应节约用电、选择合理的供电方案，并符合下列规定：

1　宜实行用电计量管理，用电电源应设置明显的节约用电标识。

2　应规定合理的温、湿度标准，提高空调和采暖装置的运行效率。夏季室内空调温度设置不应低于 26 ℃，冬季室内空调温度设置不应高于 20 ℃，空调运行期间应关闭门窗。

3　施工照明设施宜采用 LED 节能照明。

4　具备条件的工地，施工期宜采用电网集中供电方案，建设变电设施代替施工区柴油发电，隧道、服务与管理设施区永久供电宜与施工期临时用电相结合。

5.3.4　绿色公路施工应注重利用新能源，并符合下列要求：

1　施工管理用车宜采用新能源车辆，并应在户外开阔场地内设置集中充电区域。

2　宜结合工程特点，选用利用太阳能、空气能等绿色能源的设备，如沥青混凝土拌合站宜采用清洁能源代替燃煤、燃油。

5.4　品质提升

5.4.1　应建设标准化工地环境，对施工场地进行科学紧凑、集约布局。

5.4.2　施工过程应利用包括建筑信息模型(BIM)、地理信息系统(GIS)在内的数字化信息管理新技术，优化施工过程，建设施工安全管理信息、质量检验信息、进度管理等实时信息共享系统，提高施工管理水平。

5.4.3　宜采用健康(Health)、安全(Safety)和环境(Environment)三

位一体的 HSE 管理体系。

5.4.4 施工现场应设置安全标识及防护措施，并制定安全设施维护计划。应制定机具设备安全操作规程、施工操作规程，施工现场设置照明、护栏、安全警示标志，配备安全巡视员，避免各种原因造成人身伤害和财产损失。

5.4.5 应合理划定施工区域，安装警示标志；根据现状交通流量调查结果优化施工交通组织方案，减少施工对公路通行的干扰。

5.4.6 施工围挡应采用易于清理的材料，在施工期间及时对其进行保洁，保证外观形象。

6 运 维

6.1 资源利用

6.1.1 绿色公路运维应充分考虑土地资源的节约、集约利用，并符合下列要求：

1 养护维修及设备的安装、布设应统筹利用各类通道及管线资源，减小对公路用地范围以外耕地、水域、居民的影响。

2 施工临时用地应严格控制范围，充分利用公路用地范围内的永久性征地或服务区、养护道班等附属设施，并应在完工后及时恢复。

6.1.2 绿色公路运维应充分考虑水资源的节约、集约利用，并符合下列要求：

1 对有排、蓄水一体设计的公路设施，应保持排、蓄水设施全年正常运转率不低于95%。

2 服务区、养护道班等设施应配有污水处理设施，应对生产、生活污水和施工废水进行二次利用。

3 公路清洗作业宜采用再生水，并依据公路特点、路面尘土量、天气情况（温度、湿度、风力）等确定清洗用水量。宜推广应用具有自清洁功能的新型涂层材料，降低公路附属结构（防撞墙、栏杆、防眩板、标志标牌等）、隧道侧墙等设施的灰尘附着，降低清洗频次。

4 绿化养护应制定详细的节水灌溉方案或采用节水型灌溉技术。

6.1.3 绿色公路运维应充分考虑材料的节约及循环利用，并符合下列要求：

1　宜采用再生材料替代常规材料。

2　宜采用快速、耐久、综合成本较低的新型路面修复技术。

6.2　环境保护

6.2.1　绿色公路运维应保护生态环境，并符合下列要求：

1　应保证野生动物出没路段预告、禁止鸣笛等标志以及动物通道等设施的完好。

2　绿化恢复及补植除满足原设计要求外，宜选择易生长、抗逆性强的本地优势物种，如引入外地物种，应作充分论证。

3　公路范围内的边坡及隧道洞口等应均有绿化覆盖，应制定完善的绿化种植、补种、修剪、灌溉、施肥及预防病虫害方案。

4　绿化养护技术要求应符合现行上海市工程建设规范《园林绿化养护技术等级标准》DG/TJ 08—702 的规定，其中树林、树丛、行道树的养护技术要求应不低于二级，其他绿化类型养护技术要求应不低于基本标准。

5　绿化修剪产生的废弃物应及时清运，可粉碎后进行资源化利用，不得随意焚烧。

6　古树名木的养护应符合现行上海市地方标准《古树名木和古树后续资源养护技术规程》DB31/T 682 的有关规定。

7　养护及施工现场应符合现行行业标准《建筑施工现场环境与卫生标准》JGJ 146 的规定，对施工现场及驻地产生的废弃物以及养护、维修和清扫产生的垃圾应进行分类收集、利用和无害化处理。

6.2.2　绿色公路运维应保护水土环境，并符合下列要求：

1　应对裸露地表采取防护措施，避免水土流失。取土或施工区域完工后，应采取绿化工程或复耕措施。临近水域的弃渣场应设置有效的拦挡措施，水源保护区内不得堆放或倾倒任何有害的材料或者废弃物。

2　对穿越自然保护区、水源地等环境敏感路段，应制定针对性措施，加强用水、废水管理以及绿化施肥、喷洒药剂管理。

3　隧道、桥梁等结构修补材料应选择高强度、低能耗、耐久性好的环境友好型材料。

4　涂装修复应选用耐久性好、挥发性有机化合物排放少的环境友好型涂装体系。

5　应针对运输车辆化学品泄露等环境污染事件制定专门的应急处置预案。

6　除冰雪时，宜采用环境友好型融雪剂或微波除雪等环保技术，不宜采用传统氯盐型融雪剂。

6.2.3　绿色公路运维应对空气、声、光环境进行保护，并符合下列要求：

1　养护施工及清扫作业应制定有效的降噪、除尘措施，并采取措施降低扬尘污染。

2　沥青路面修补宜选择温拌沥青混合料、再生沥青混合料等材料。

3　应保持声屏障完好，并宜对不满足现行上海市工程建设规范《道路声屏障结构技术规范》DG/TJ 08—2086 的声屏障进行维修或更换。

4　应控制公路照明设施、施工临时照明设施的照度，不应干扰车辆正常通行、沿线生态环境及居民正常生活。

6.3　节能提效

6.3.1　应合理配置养护作业机械设备，按照养护区域及作业内容合理安排作业计划，提高各种机械设备的使用率及满载率，降低单位能耗。在保证生产作业效率的前提下，养护作业机械设备宜选用清洁能源设备。

6.3.2 宜采用信息化手段实现作业车辆的管理和调配，提高运维车辆使用率和公路交通异常状态（交通事故、抛锚、自燃等）处置效率，降低设备投入及能耗。

6.3.3 宜使用太阳能、风能等可再生能源实现公路及配套设施的供电、照明等。

6.4 品质提升

6.4.1 应根据设施类型，制定标准化的项目运维大纲，养护及施工材料的存储应搭设专用棚库，分类存储，应制定材料管理规定并建立出库入库台账，提升人、机、料及管理用房、养护基地及班房的集约化配置水平。

6.4.2 应根据公路设施特点，制定并实施绿色化、标准化的养护施工工艺，提升养护管理水平。

6.4.3 应推广实施快速化养护施工策略、技术、工艺和工法，减小对交通的影响。

6.4.4 运维过程应利用包括建筑信息模型（BIM）、地理信息系统（GIS）在内的数字化信息管理新技术，搭建公路运维管理系统，实现运维作业计划、工单处置、质量管理、安全管理、应急管理、物资管理等的线上操作以及数据的实时积累、分析和反馈，提高运维管理水平。

6.4.5 宜采用智能巡检、智能识别等技术代替人工巡检，提高巡检的效率及安全性。

6.4.6 根据运营状况，应适时增设联网联控的公路不停车收费与服务系统、车辆超限管理系统，提升公路通行效率。

6.4.7 宜采用交通监控及预警系统、气象信息监测系统等，向公路使用者提供实时动态交通信息以及通行状态危险程度判别。

6.4.8 应建立交通事故、特殊天气的处理及应急预案，设置气象预警机制，实施分级交通管制。

6.4.9 应结合路面技术状况评定结果及劣化规律，在兼顾耐久性和经济性的前提下，建立预防性养护机制，因地制宜地选用预防性养护技术，并应在日常养护工作中予以落实。

6.4.10 绿色公路运维应满足下列规定：

1 公路畅通率不应低于99%。

2 运行管理及环境保护设施设备完好率不应低于98%。

3 应提供24 h全天候牵引除障服务。

4 突发事件处置及时率应达到100%。

6.4.11 宜利用短信平台、门户网站等信息化手段，构建公益服务与个性化定制服务相结合的公路出行信息服务体系，引导公众高效、便捷、舒适出行。

7　验收与评估

7.0.1　绿色公路应根据审查通过的施工图设计文件进行验收，并按分项工程、分部工程、单位工程逐级进行。

7.0.2　绿色公路的质量检验评定和验收应符合现行行业标准《公路工程质量检验评定标准　第一册　土建工程》JTG F80/1、《公路工程质量检验评定标准　第二册　机电工程》JTG F80/2、《公路养护工程质量检验评定标准　第一册　土建工程》JTG 5220 及现行上海市工程建设规范《公路工程施工质量验收标准》DG/TJ 08—119、《公路养护工程质量检验评定标准(土建工程)》DG/TJ 08—2144 的规定。

7.0.3　绿色公路的评估分为设计评估、施工评估和运维评估。设计评估应在公路工程施工图设计文件审查通过后进行，施工评估应在公路通过竣工验收后进行，运维评估应在公路竣工验收并投入使用一年后进行。

7.0.4　绿色公路评估采用百分制打分。设计、施工、运维各阶段的评估分值计算可按本标准附录 A 进行。

7.0.5　当某评估指标或计分项不适用于待评估公路时，该评估指标或计分项可按照本标准附录 B 的规定申请不参与评估。

7.0.6　绿色公路设计评估满分为 100 分，其计分方法应按表 7.0.6 确定。

7.0.7　绿色公路施工评估满分为 100 分，其计分方法应按表 7.0.7 确定。

7.0.8　绿色公路运维评估满分为 100 分，其计分方法应按表 7.0.8 确定。

表 7.0.6 绿色公路设计评估体系及指标计分

一级指标	满分	二级指标	满分	三级指标	满分	计分项
资源利用	35分	土地资源节约、集约利用	23分	通道资源统筹利用	7分	a）新建公路考虑与铁路、轨交、管廊等市政设施共通道集约布置，得4分。 b）改扩建公路项目统筹利用原有通道资源，得3分
				土方填挖	2分	a）进行低路堤设计，得0.5分。 b）结合桥梁设计优化控制桥后填土高度，得0.5分。 c）结合工程沿线需求统筹利用弃土，尽可能“零弃方、少借方”，得1分
				公路设施占地	8分	a）合理设置放坡及挡墙，控制公路占地面积，得2分。 b）平面交叉口根据交通需求精细化设计，控制交叉口规模及缘石半径，得3分。 c）立体交叉选型合理、交叉关系简化、布局紧凑，得1分。 d）收费站、服务区、管理中心、立体交叉等的设计用地规模合理，占地指标符合本标准第4.2.5、4.2.6条的规定，得2分
				空间复合利用	6分	a）对桥下空间、立体交叉范围内空地复合化利用，结合沿线需求设置公交枢纽、停车场、绿化等市政设施或公路附属设施，桥梁下部结构设计应利于桥下空间利用，得4分。 b）服务区、道班房、加油站等公路相关设施合理考虑同址合建，得2分
		建筑材料节约及循环利用	12分	路基路面	7分	a）填方路基采用建筑或工业废弃料，得2分。 b）清表或明暗浜处治时的原状土、淤泥采用就地固化利用措施，或在满足设计条件下用作绿化土，得2分。 c）路面各结构层材料根据设计需求合理采用现场再生或厂拌再生材料，资源化利用建筑或工业粒料类废弃材料，得3分

续表7.0.6

一级指标	满分	二级指标	满分	三级指标	满分	计分项
资源利用	35 分	建筑材料节约及循环利用	12 分	附属设施	1 分	a）交通标志标线、防撞护栏、禁入栅、龙门架等附属设施采用环保、可回收材料，得 0.5 分。 b）公路城镇段路侧杆件设备进行合杆，得 0.5 分
				桥梁结构	3 分	a）采用高性能、低能耗或可循环利用的材料，得 0.5 分。 b）结构形式选用合理，节约构件用材，得 1 分。 c）根据检测结果对老桥结构合理利用，无法继续使用的桥梁应评估并回收可再利用的构件，得 1.5 分
				隧道结构	1 分	围护及支撑采用钢结构等可回收材料，得 1 分
环境保护	45 分	水环境保护	9 分	排水设计	6 分	a）因地制宜采用透水性铺装材料、透水路基设计，得 2 分。 b）确定合理的年径流总量控制率目标和年径流污染控制率目标，得 1 分。 c）因地制宜采用低影响开发措施管控地表径流，同时接纳高架立管排水，包括设计公路绿化分隔带和两侧绿带内的雨水花园、下凹式绿地、湿塘等海绵城市设施，布置生态化植草边沟等，得 2 分。 d）雨水口结合低影响开发设施进行布设，设置截污挂篮等污染拦截装置，得 1 分
				水体保护	3 分	a）水源保护区内桥梁选用混凝土结构，跨越敏感水体时桥梁基础应因地制宜选用沉入桩、灌注桩、沉井等形式，得 1 分。 b）对水源保护区内钢结构桥梁防腐涂装体系提出明确的环保要求，同时通过设计减少钢结构与雨水的接触，得 1 分。 c）公路与河道斜交角度小于等于 40°，得 1 分

续表7.0.6

一级指标	满分	二级指标	满分	三级指标	满分	计分项
环境保护	45分	空气环境保护	5分	污染气体排放控制	5分	a）路面材料设计选用温拌沥青、净味沥青，得3分。 b）钢结构选用耐久环保、挥发性有机化合物排放少的涂装体系，得1分。 c）隧道集中排风塔高度高于周围200 m半径范围内的最高建筑，隧道主线洞口距离环境敏感保护建筑大于20 m，得1分
		声环境保护	2分	声污染防治	2分	a）公路沿线设计采用合理有效的防噪音措施，得1.5分。 b）隧道内各种设备传至行车道内的噪声不高于85 dB(A)，得0.5分
		生态保护	18分	生态可持续的设计	10分	a）灵活选线避让环境敏感点、农田、林地，得5分。 b）横断面设计适应沿线路域环境，工程构造物选型注重与生态环境的融合，得3分。 c）公路边坡植草防护，采取浆砌块石或混凝土挡墙时设计骨架植被或垂直绿化，得2分
				生境保护	5分	a）根据地域性野生动物生境分布，为野生动物创造横穿公路的通道，得2分。 b）绿化设计注重与周边原生环境融合，得3分
				污染物处置	3分	a）软土地基加固时产生的泥浆等废弃物不污染环境，得2分。 b）泥水平衡盾构设置泥水分离和处理设备，选用的泥浆及分离添加剂符合环保要求，得1分
		景观美化	7分	景观设计合理性	3分	a）公路景观设计不得影响公路安全行驶，得0.5分。 b）公路两侧规划绿带的建设宽度不小于单侧5 m，得0.5分。 c）植物选用抗逆性强的地域性植物，且不需经常修剪的绿化种类，满足低养护原则，得0.5分

续表7.0.6

一级指标	满分	二级指标	满分	三级指标	满分	计分项
环境保护	45分	景观美化	7分	景观设计合理性	3分	d) 采用乔木、灌木和草本搭配形成多层次、多种类、自然稳定的植物群落，栽植大乔木的胸径不大于18 cm，各类绿化种植间距不宜过小，得1分。 e) 对场地内既有植被、苗木资源有针对性保护设计，改扩建工程保护利用既有行道树，得0.5分
				景观设计优美性	4分	a) 种植设计宜因结合周边环境，体现公路沿线的地域文化特色，注重本市落叶秋色大乔木的运用，营造自然野趣的公路景观，得2分。 b) 路、桥、隧线形设计与自然环境协调，做到线条流畅、视线诱导自然，景观设计注重公路线形连续空间特色，得2分
		标准化施工	4分	桥梁工程	2分	a) 上部结构及墩台采用预制装配技术，得1.5分。 b) 桩基采用PHC管桩或钢管桩，得0.5分
				隧道工程	0.5分	盾构段隧道采用装配式衬砌、装配式车道板等，整体预制装配率大于85%，得0.5分
				路基路面工程	1分	路基、路面及混凝土挡土墙等设施采用预制装配技术，得1分
				排水设施	0.5分	采用预制检查井，得0.5分

续表7.0.6

一级指标	满分	二级指标	满分	三级指标	满分	计分项
节能提效	12分	节能低碳	8分	车辆行驶能耗	1分	公路设计合理控制纵断面起伏，得1分
				电气设备节能	5分	a）路灯采用LED等节能灯具、干式节能型路灯供电变压器，得2分。 b）照明设备采用智能控制，根据环境亮度变化及照度需求能够智能调节照明亮度，得2分。 c）隧道通风选择纵向通风方式，采用智能控制系统，对环境数据及交通量变化情况进行实施监控、动态控制，得1分
				新能源使用	2分	利用太阳能、风能等可再生能源，提供夜间公路照明、主动发光标志板等的用电，得2分
		智慧高效	4分	智能交通系统	2.5分	a）设置交通信息、事件采集系统，对主要交通节点、路段提供实时动态交通信息，得1分。 b）设置交通信息诱导系统，依据交通、气象及路况信息判别通行状态，制订交通管控措施并传达给公路使用者，得0.5分。 c）构建公路设施健康检测系统，构建公路信息化管理系统，得1分
				收费系统	1分	a）采用ETC不停车收费设施，达到高峰期间平均等待不超过3辆的服务水平，得0.5分。 b）推广使用新的公路通行费支付方式，如移动支付或第三方支付等，得0.5分
				建筑信息模型	0.5分	设计阶段应用BIM新技术，引领公路工程全寿命周期的信息共享和传递，得0.5分

续表7.0.6

一级指标	满分	二级指标	满分	三级指标	满分	计分项
品质提升	8分	人性化服务	4分	服务设施	4分	a）利用公路沿线人文、风景景点设置临时停车区，得1分。 b）结合公路服务区设置多元化服务、休憩设施，如旅游服务站、露营地、观景台，得2分。 c）在公路沿线服务区建设电动车充电桩，得1分
		交通功能提升	4分	人非通道设置	2分	在城镇化路段设置慢行通道并符合相关规范规定，得2分
				接入管理	2分	机动车密集出入的路段，满足沿线接入需求，保证接入管理安全，结合农村乡村道，设置必要的平行联络道或集散车道，得2分

表 7.0.7 绿色公路施工评估体系及指标计分

一级指标	满分	二级指标	满分	三级指标	满分	计分项
资源节约	30 分	土地资源节约利用	5 分	土地占用	3 分	a) 施工中收集保存地表土体，用于造地复耕得 2 分。 b) 严格控制施工临时占地边界，利用永久性征地作为施工临时用地，得 1 分
				临时用地	2 分	临时用地结束后恢复原有土地功能，原农业用地复耕率达到 100%，得 2 分
		水资源节约、集约	6 分	节水措施	5 分	a) 施工现场生产、生活用水选用节水型用水器具，得 2 分。 b) 在水源处设置明显的节约用水标识，得 2 分。 c) 混凝土进行保水养护，得 1 分
				污水循环利用	1 分	施工现场设置废水回收设施，对废水进行回收后循环利用，得 1 分
		建筑材料节约及循环利用	19 分	旧建筑材料再利用	5 分	a) 建筑旧料破碎筛分后用于生产不高于 C30 强度等级混凝土或作为地基加固材料，得 2 分。 b) 建筑旧料采用集中破碎，得 1 分。 c) 废旧短钢筋焊接工具马镫，废旧木材用于临时支垫等，得 1 分。 d) 隧道弃渣回收进行综合利用，得 1 分
				可循环材料	6 分	a) 办公生活区临时建筑选用模块化、装配式结构及可循环利用材料，得 2 分。 b) 施工便道采用装配式施工便道，得 2 分。 c) 建立可回收再利用物资清单，制定并实施可回收废料的回收管理办法，得 2 分

续表7.0.7

一级指标	满分	二级指标	满分	三级指标	满分	计分项
资源节约	30分	建筑材料节约及循环利用	19分	材料节约	6分	a）施工措施材料循环利用，得1分。 b）剩余混凝土材料用于便道修补、场地硬化等，得1分。 c）设置钢筋集中加工中心，并配置有数控加工设备、自动化加工设备，得2分。 d）使用盘圆或盘螺钢材，得2分
				材料存储	2分	对周转材料妥善装拆、堆放及保管，得2分
环境保护	35分	生态保护	4分	动植物保护	3.5分	a）开展野生保护植物现状调查，因地制宜实施就地保护与移栽利用，得0.5分。 b）制定生态环保施工专项方案，得1分。 c）对施工人员进行环保、森林防火意识等教育培训，得1分。 d）施工完成后恢复边坡及隧道洞口植被，得1分
				文物保护	0.5分	工地现场发现文物，做好保护措施并及时通知文物保护部门，得0.5分
		水土环境保护	8分	水体保护	5分	a）施工现场设置收集各种废水设施，得2分。 b）施工场地设置临时沉砂池，得1分。 c）办公生活区设置防堵、防溢漏措施，经过三级沉淀后排入市政污水管网或采用污水处理设备处理后排放，得1分。 d）施工泥浆采用固化技术处理，得1分
				土体保护	3分	a）施工过程中制定取弃土方案，并严格按方案控制弃土，得1分。 b）取弃土场进行绿化恢复或复耕，临近水域采取有效拦挡措施，得1分。 c）针对裸露地表土采取防护措施，得1分

续表7.0.7

一级指标	满分	二级指标	满分	三级指标	满分	计分项
环境保护	35分	空气环境保护	15分	污染气体排放	2分	a）路面施工采用温拌或热拌减排技术，得1分。 b）施工机械、拌合楼等尾气排放达标，符合现行国家标准《非道路移动机械用柴油机排气污染物排放限值及测量方法（中国第三、四阶段）》GB 20891的要求，得1分
				扬尘控制	11分	a）施工区域主要施工便道进行硬化处理，得2分。 b）拌合站内材料采用封闭式存放，并设置喷淋系统，得2分。 c）现浇混凝土及建筑砂浆采用预拌混凝土及砂浆，得1分。 d）袋装粉料运输时严密遮盖，散装粉料采用密闭粉罐运输，得2分。 e）从事土方、渣土和施工垃圾的运输使用密闭式运输车辆、现场出入口处设置冲洗车辆设施，得2分。 f）土方作业时采取洒水、覆盖等措施，作业区目测扬尘高度小于1.5 m，不扩散到施工区域外，得1分。 g）四级以上大风天气，不进行土方回填、转运，得1分
				场站布置	2分	a）有污染气体排放的拌合站、发电站、堆料场等设立在施工季节中敏感区主导风向下风侧，得1分。 b）沥青混合料拌合站远离居民区、学校等敏感区不小于200 m，得1分
		声光环境保护	6分	声污染防治	3分	a）对强噪声设备，采取相应降噪防护措施，得2分。 b）施工作业区采取降低车辆噪声标识或措施，得1分
				光污染防治	3分	a）夜间室外照明灯加设灯罩，得1分。 b）电焊作业采取遮挡措施，得1分。 c）照明设施不干扰沿线生态环境及居民生活，得1分
		其他	2分	垃圾分类	2分	办公区、生活区等生活垃圾定期分类收集，得2分

续表7.0.7

一级指标	满分	二级指标	满分	三级指标	满分	计分项
节能提效	15分	能源节约利用	13分	施工节约措施	8分	a）采用国家、行业推荐的节能、高效、环保的施工设备和机具，得1分。 b）合理安排工序，提高各种机械的使用率和满载率，得1分。 c）实行用电计量，设置节约用电标识，得2分。 d）采用集中供电措施，或建设变电设施代替柴油发电，得2分。 e）空调和采暖装置采用合理的温、湿度标准，得2分
				节能系统	5分	a）照明设施采用LED节能照明，得1分。 b）采用隧道通风智能控制系统，对隧道内环境数据交通量等实时监控，得2分。 c）施工管理用车采用新能源车辆，并设置集中充电区域，得2分
		清洁能源利用	2分	可再生能源	2分	a）利用太阳能、空气能等绿色能源的设备，得1分。 b）沥青混凝土拌合站采用清洁能源代替燃煤、燃油，得1分
品质提升	20分	品质建设	10分	信息化管理	2分	利用包括建筑信息模型（BIM）在内的数字化信息管理新技术，建设施工安全管理信息、质量检验信息、进度管理等实施信息共享系统，得2分
					2分	施工现场安装环境扬尘监测仪等设备，得2分
				标准化施工	6分	a）建设标准化工地环境，施工场地科学紧凑、集约布局，得2分。 b）施工临时设施采用模块化、装配式、可循环利用思路，得2分。 c）预制构件在预制场内集中预制，得2分

续表7.0.7

一级指标	满分	二级指标	满分	三级指标	满分	计分项
品质提升	20 分	人性化服务	10 分	安全文明施工	7 分	a）采用健康（Health）、安全（Safety）和环境（Environment）三位一体的 HSE 管理体系，得 2 分。 b）合理划定施工区域，施工现场设置照明、护栏、安全警示标志，得 1 分。 c）制定机具设备安全操作规程、施工操作规程、定期检查记录，配备安全巡视员，得 2 分。 d）施工围挡选用易于清理的材料，保洁及时，得 1 分。 e）降水作业中，对周边构筑物的沉降观测，并制定有效保护措施，得 1 分
				交通组织	3 分	a）施工交通组织方案合理，对公路通行干扰小，得 2 分。 b）临时公路封闭区域，做到提前分流、提前交通引导管理，得 1 分

表 7.0.8 绿色公路运维评估体系及指标计分

一级指标	满分	二级指标	满分	三级指标	满分	计分项
资源节约	30分	土地资源节约、集约利用	8分	空间利用	3分	a) 养护维修及设备的安装、布设统筹利用各类通道、管沟及管线资源，得2分。 b) 有完善的措施能够减小运维对公路用地范围以外耕地、水域、居民的影响，得1分
				土石方填挖	2分	土石方填挖做到填挖平衡，多余土方有专项利用方案，得2分
				临时用地控制	3分	a) 日常维修施工临时用地严格控制范围边界，得1分。 b) 运维施工充分利用公路用地范围内的永久性征地或服务区、养护道班等附属设施，在完工后能及时恢复，得2分
		水资源的节约、集约利用	12分	排蓄水设施	4分	a) 排、蓄水设施全年正常运转率不低于90%，得2分。 b) 充分利用地表径流水并制定相关方案，得2分
				污水处理利用	4分	a) 服务区、养护道班等设施及日常维修施工配有污水处理设施，得2分。 b) 对生产、生活污水和施工废水进行二次利用，得2分
				节水措施	4分	a) 公路清洗作业采用再生水，并依据公路特点、路面尘土量、天气情况(温度、湿度、风力)等制定合理的清洗用水量方案，得2分。 b) 应用具有自清洁功能的新型涂层材料，显著减少公路设施的灰尘附着，降低清洗频次，得1分。 c) 施工机具、生活用水设施等制定有节水方案，并采用节水技术或措施，无漏水现象，得1分

续表7.0.8

一级指标	满分	二级指标	满分	三级指标	满分	计分项
资源节约	30分	材料的节约及循环利用	10分	可循环材料	2分	路面日常维修采用固体废弃物再生料替代常规材料，得2分
				修复技术及旧料利用	4分	a）采用快速、耐久、综合成本较低的新型修复措施，每项得0.5分，总分2分。 b）对旧路面材料进行再生利用，得2分
				材料存储	2分	a）搭设专用材料棚库，分类存储养护及施工材料，得1分。 b）制定材料管理规定并建立出库入库台账，得1分
				新型材料	2分	应用新型资源节约型材料，如聚合物水泥混凝土、高强轻质混凝土、生物沥青等，得2分
环境保护	30分	生态保护	10分	生物保护	1分	野生动物出没路段预告、禁止鸣笛等标志以及动物通道等设施完好，得1分
				生态修复	2分	养护及施工现场符合现行行业标准《建筑施工现场环境与卫生标准》JGJ 146的规定，对施工现场及驻地产生的废弃物以及养护、维修和清扫产生的垃圾进行分类收集、利用和无害化处理，得2分
				植被恢复效果	7分	a）绿化物种选择易生长、抗逆性强的本地优势物种，外地物种的引入有充分论证及方案，得1分。 b）公路范围内绿化生长良好，边坡及隧道洞口等均有绿化覆盖，无光秃裸露现象，得2分。 c）养护单位制定有完善的种植、补种、修剪、灌溉、施肥及预防病虫害方案，得1分

续表7.0.8

一级指标	满分	二级指标	满分	三级指标	满分	计分项
环境保护	30分	生态保护	10分	植被恢复效果	7分	d）绿化养护技术要求符合现行上海市工程建设规范《园林绿化养护技术等级标准》DG/TJ 08—702 的规定，其中树林、树丛、行道树的要求不低于二级，其他绿化类型要求不低于基本标准，得1分。 e）绿化修剪产生的废弃物及时清运，粉碎后进行资源化利用，无随意焚烧，得1分。 f）古树名木的养护符合现行上海市地方标准《古树名木和古树后续资源养护技术规程》DB31/T 682 的规定，得1分
		水土环境保护	9分	水体保护	2分	穿越自然保护区、水源地等环境敏感路段，制定有专门措施，加强用水、废水管理以及绿化施肥、喷洒药剂管理，得2分
				土体保护	7分	a）对裸露地表采取有永久性或临时性的防护措施，避免水土流失，得1分。 b）取土或施工区域完工后，采取绿化工程或复耕措施，得1分。 c）临近水域的弃渣场设置有效的拦挡措施，水源保护区内无有害的材料或者废弃物堆放、倾倒，得1分。 d）隧道、桥梁等结构修补材料选择高强度、低能耗、耐久性的环境友好型材料，得1分。 e）涂装修复材料及工艺选用耐久性好、挥发性有机化合物排放少的环境友好型涂装体系，得1分。 f）对特种运输车辆化学品泄露等环境污染事件制定有专门的应急处置预案，得1分。 g）冬季除冰雪采用环境友好型融雪剂、微波除雪等环保技术代替传统氯盐型融雪剂，得1分

续表7.0.8

一级指标	满分	二级指标	满分	三级指标	满分	计分项
环境保护	30分	空气、声、光环境保护	11分	污染气体排放	4分	a) 路面修补材料选择温拌沥青混合料、再生沥青混合料等减排技术，最大限度降低沥青烟、硫氧化合物等有害气体、氮氧化物的排放量，得2分。 b) 水泥、沥青搅拌场（站）宜选用绿色拌站，得1分。 c) 搅拌场（站）布置应满足本标准第5.2.6条的规定，得1分
				扬尘控制	3分	a) 养护施工及清扫作业制定有有效地降噪、除尘措施，得1.5分。 b) 施工现场实时采取采取措施降低扬尘污染，得1.5分
				声污染防治	2分	声屏障保持完好，根据周边人居环境的变化，按照现行上海市工程建设规范《道路声屏障结构技术规范》DG/TJ 08—2086的要求，必要时增设声屏障，得2分
				光污染防治	2分	因地制宜控制公路照明设施、施工临时照明设施的照度，不干扰车辆正常通行、沿线生态环境及居民正常生活，得2分
节能提效	10分	能源节约利用	8分	施工节能措施	4分	a) 配置养护作业机械设备时选用清洁能源设备，得2分。 b) 合理配置养护作业机械设备，按照养护区域及作业内容合理安排作业计划，提高各种机械设备的使用率及满载率，降低单位能耗，得2分
				节能系统	4分	a) 采用信息化手段实现作业车辆的管理和调配，提高运维车辆使用率和公路交通异常状态（交通事故、抛锚、自燃等）处置效率，降低设备投入及能耗，得2分。 b) 采用供配电节能技术，例如光控、时控及遥感技术相结合的智能照明技术、隧道通风智能控制技术以及节能灯具等手段，实现能源节约，得2分
		清洁能源利用	2分	可再生能源	2分	公路及配套设施的供电、照明使用太阳能、风能等可再生能源，得2分

续表7.0.8

一级指标	满分	二级指标	满分	三级指标	满分	计分项
品质提升	30分	标准化	10分	工艺标准化	4分	a) 结合公路设施特点，选用绿色化、标准化的养护施工工艺，得2分。 b) 按照绿色化、标准化的工艺实施维修养护工作，得2分
				管理标准化	6分	a) 根据设施类型制定标准化的项目运维大纲，提升人、机、料及管理用房、养护基地及班房的集约化配置水平，得2分。 b) 绿色公路运维满足下列指标： ⅰ. 公路畅通率不低于99%，得1分。 ⅱ. 运行管理及环境保护设施设备完好率≥98%，得1分。 ⅲ. 提供24 h全天候牵引除障服务，得1分。 ⅳ. 突发事件处置及时率100%，得1分
		管理信息化	3分	养护管理信息化	3分	a) 利用包括建筑信息模型（BIM）、地理信息系统（GIS）在内的数字化信息管理新技术，搭建公路运维管理系统，得1分。 b) 线上进行运维作业计划、工单处置、质量管理、安全管理、应急管理、物资管理等操作，并进行实时数据积累、分析和反馈，得1分。 c) 采用智能巡检、智能识别等技术代替人工巡检，提高设施巡检的效率及安全性，得1分
		预防性养护	5分	预防性养护规划	3分	结合路面技术状况评定结果及劣化规律，在兼顾耐久性和经济性的前提下，建立预防性养护机制，得3分
				预防性养护技术	2分	a) 开展预防性养护工作，推广应用微表处、含砂雾封层、碎石封层、薄层罩面、超薄磨耗层等预防性养护技术，得1分。 b) 具有完整的决策报告、设计施工资料、跟踪监测报告，得1分

续表7.0.8

一级指标	满分	二级指标	满分	三级指标	满分	计分项
品质提升	30分	快速化施工	2分	快速化养护施工	2分	在保证养护质量的基础上，推广实施快速化养护施工策略、技术、工艺和工法，减小对交通的影响，每项得0.5分，总分2分
		智能交通系统	8分	多元化系统	4分	a）设置联网联控的公路不停车收费与服务系统、车辆超限管理系统，提升公路通行效率，得2分。 b）采用交通监控及预警系统、气象信息监测系统等，在主要交通要道及交通疏导节点进行全车道监控覆盖，结合气象、交通及路况等信息，向公路使用者传达实时动态交通信息及通行危险状态判别，得2分
				系统维护	4分	a）建立完善的交通事故处理及应急处置预案，得2分。 b）建立完善的特殊天气交通处理及应急预案，设置气象预警机制实时分级交通管制，得2分
		人性化服务	2分	信息服务	2分	利用短信平台、门户网站等信息化手段，构建公益服务与个性化定制服务相结合的公路出行信息服务体系，得2分

附录A 评估得分统计表

A.0.1 绿色公路评估各阶段得分统计表见表A.0.1-1～表A.0.1-3。

表A.0.1-1 绿色公路设计评估最终得分统计表

一级指标	满分	适用分值(A)		实际得分(B)		不参评指标、计分项及其分值
资源利用	35					
环境保护	45					
节能提效	12					
品质提升	8					
合计总分	100	$\sum A$		$\sum B$		
最终得分(Q)						

表A.0.1-2 绿色公路施工评估最终得分统计表

一级指标	满分	适用分值(A)		实际得分(B)		不参评指标、计分项及其分值
资源节约	30					
环境保护	35					
节能提效	15					
品质提升	20					
合计总分	100	$\sum A$		$\sum B$		
最终得分(Q)						

表 A.0.1-3　绿色公路运维评估最终得分统计表

一级指标	满分	适用分值(A)	实际得分(B)	不参评指标、计分项及其分值
资源节约	30			
环境保护	30			
节能提效	10			
品质提升	30			
合计总分	100	$\sum A$	$\sum B$	
最终得分(Q)				

A.0.2　绿色公路各评估阶段最终得分按照下式进行计算：

$$Q=\frac{\sum B}{\sum A}\times 100 \tag{A.0.2}$$

其中，Q 为待评估公路本阶段最终得分，$\sum A$ 为适用于本阶段待评估公路指标的总分值，$\sum B$ 为本阶段待评估公路所有适用指标的实际得分总分值。

附录B　可不参评指标的限制性条件

B.1　一般规定

B.1.1　由于不可抗力因素造成评估指标缺失时，被评估方可根据实际情况提出相应指标的不参评申请。

B.1.2　不参评指标的申请不宜超出表B.2.2和表B.2.3所限定的三级指标范围，允许对三级指标下的部分计分项作不参评申请。

B.1.3　评估机构需对不参评指标的申请资料进行审核，最终据实确定不参评指标或计分项。

B.2　可不参评指标的限制性条件

B.2.1　本标准中由于不可抗力因素造成的评估指标缺失限于下列两种情况：

1　由于公路所处地域的自然环境造成的评估指标缺失。

2　由于公路的不同建设特点造成的评估指标缺失。

B.2.2　受自然环境影响的可不参评指标见表B.2.2。

表B.2.2　受自然环境影响的可不参评指标

评估阶段	三级指标名称
设计	水体保护、生境保护
施工	文物保护
运维	生物保护、水体保护

B.2.3 受公路不同建设特点影响的可不参评指标见表 B.2.3。

表 B.2.3 受公路不同建设特点影响的可不参评指标

评估阶段	三级指标名称
设计	公路设施占地[c),d)]、空间复合利用、桥梁结构、隧道结构、污染气体排放控制[b),c)]、声污染防治[b)]、污染物处置[b)]、桥梁工程、隧道工程、收费系统、服务设施、人非通道设置
施工	旧建筑材料再利用、标准化施工[c)]、交通组织
运维	植被恢复效果[f)]、土体保护[d),e)]、声污染防治

B.2.4 其他特殊情况经必要论证，并经评估机构审核同意后，可申请增加相关不参评指标，但设计阶段不参评指标总分值不得超过 30 分，施工、运维阶段不参评指标总分值均不得超过 15 分。

本标准用词说明

1 为便于在执行本标准条文时区别对待，对要求严格程度不同的用词说明如下：

1）表示很严格，非这样做不可的用词：

正面词采用“必须”；

反面词采用“严禁”。

2）表示严格，在正常情况下均应这样做的用词：

正面词采用“应”；

反面词采用“不应”或“不得”。

3）表示允许稍有选择，在条件许可时首先应这样做的用词：

正面词采用“宜”；

反面词采用“不宜”。

4）表示有选择，在一定条件下可以这样做的用词，采用“可”。

2 条文中指明应按其他有关标准执行时的写法为“应符合……的规定（或要求）”或“应按……执行”。

引用标准名录

1 《声环境质量标准》GB 3096
2 《电力变压器能效限定值及能效等级》GB 20052
3 《非道路移动机械用柴油机排气污染物排放限值及测量方法(中国第三、四阶段)》GB 20891
4 《公路水泥混凝土路面再生利用技术细则》JTG/T F31
5 《公路工程质量检验评定标准 第一册 土建工程》JTG F80/1
6 《公路工程质量检验评定标准 第二册 机电工程》JTG F80/2
7 《公路养护工程质量检验评定标准 第一册 土建工程》JTG 5220
8 《建筑施工现场环境与卫生标准》JGJ 146
9 《公路工程施工质量验收标准》DG/TJ 08—119
10 《园林绿化养护技术等级标准》DG/TJ 08—702
11 《再生骨料混凝土应用技术标准》DG/TJ 08—2018
12 《道路隧道设计标准》DG/TJ 08—2033
13 《道路声屏障结构技术规范》DG/TJ 08—2086
14 《公共建筑绿色设计标准》DGJ 08—2143
15 《公路养护工程质量检验评定标准(土建工程)》DG/TJ 08—2144
16 《道路 LED 照明应用技术规范》DG/TJ 08—2182
17 《道路照明工程建设技术规程》DG/TJ 08—2214
18 《城镇化地区公路工程技术标准》DG/TJ 08—2274
19 《古树名木和古树后续资源养护技术规程》DB31/T 682

上海市工程建设规范

绿色公路技术标准

DG/TJ 08—2348—2020
J 15507—2021

条 文 说 明

2021 上海

目　次

Contents

3 基本规定

3.0.1 本市公路建设用地基本以道路规划红线作为控制，公路设计应符合城市总体规划、骨干道路网规划等相关规范的要求。同时，鉴于规划、建设存在滚动性的特点，当公路走向对沿线现有的生态环境、城镇生活产生较大影响，且工程技术方案经充分比选论证，仍难以有效平衡相互关系的情况下，宜通过专项规划等相关程序，优化完善公路规划及其建设与环境保护需求间的关系，并取得相关主管部门的审批同意，达到公路建设与生态环保的双赢目标。

4 设 计

4.2 资源利用

4.2.3 通常情况下，为了节约用地，公路应采用整体式横断面。但本市郊区水网发达，河道往往紧贴现状或规划公路走行。同时部分年代悠久的公路两侧绿化品质较高，一味坚持整体式断面不仅会破坏环境，也会增加项目实施难度及工程造价。因此，可根据项目实际的建设条件，在适宜的情况下选用分离式横断面，灵活布置公路、水系、绿化等工程内容，使公路与自然和谐融洽。

4.2.5，4.2.6 公路互通式立体交叉及公路服务区、管理中心的用地指标参考《上海市节约集约建设用地标准》（上海市规划和国土资源管理局编制，2015 年 8 月）确定。

4.2.10 工程中高性能材料的使用应适得其所，充分发挥其高性能的优势，避免为了绿色建造而过度采用高性能材料，造成材料的浪费。超高强度材料的应用，除了材料性能需满足设计要求外，尚应具备成熟可靠的施工工艺，确保材料的使用性能。

对于桥梁的改扩建工程，应遵循因地制宜的原则，通过分析论证后，合理确定改扩建工程的桥梁技术标准，避免由于设计规范的更新而带来的桥梁设计荷载等级的提高，导致结构状态良好、承载能力满足原有荷载等级以及可以利用的老桥被拆除。

4.2.11 当桥梁达到设计使用年限后，应对桥梁质量和功能进行重新评估。无法使用时，可对满足使用功能的部件进行重复利用，避免资料的浪费。可重复使用的部件包括主梁、支座、伸缩缝等。

4.2.12

2 为了推广装配式技术的应用，上海市交通委员会提出了交通建设装配式技术应用推广方案。2016 至 2018 年政府投资类新开工交通建设工程项目中，隧道工程盾构段的预制装配率分别达 75%、80%和 85%，逐渐形成体系化的预制拼装工艺。

3 泥水盾构施工不可避免地会产生大量废弃泥浆。废弃泥浆经过泵送、沉淀、泥水处理机处理后，分离出合适相对密度的泥浆循环利用后，仍然产生大量弃浆。这部分废浆由于其量大、性质不同于生活污水，一般不允许直排排放，如不能及时处理将影响盾构的掘进速度。泥水盾构施工废浆的处理需要同时满足环保和高效的要求。

上海某越江隧道 A 采用直径 11.58 m 的泥水平衡盾构施工，首次引入带式压滤干化设备，实现泥浆零排放，减少环境污染。

上海某越江隧道 B 全程采用泥水全干化技术，将以往泥水平衡盾构机所产生的泥浆进行压滤处理。压滤系统产生的渣土含水率在 40%以下，采用全封闭土方运输车外运。

4.2.13 预制检查井使用寿命长，施工周期短，密封性好，可减少渗漏对环境和公路质量的影响，可采用预制混凝土检查井或预制塑料检查井。

4.3 环境保护

4.3.1 对于跨河地面桥梁，由于线路与河道交角引起桥梁斜交角度小于等于 40°时，桥墩宜平行河道中心线方向布置，减小阻水面积，桥跨的布置应满足现行《上海市跨、穿、沿河构筑物河道管理技术规定》的相关要求。当桥梁斜交角度大于 40°时，建议河道蓝线或公路线位作适当优化调整，以减小斜交角度，但必须得到规划部门的认可。对于高架桥梁，可采用斜桥正做，适当加大跨径，以减小对河道的影响。

4.3.2 公路货运车辆比例较高，透水性路基容易损坏且不易维持，因而机动车道下方不建议采用透水性路基。但对于渗蓄需求较大的城镇化路段，可对人行道、非机动车道路基做排水性设计，并且可设置调蓄水箱，提升海绵城市建设效果。

4.3.4 桥梁采用装配式技术是实现绿色建造的有效方式之一，桥梁新建结构应尽可能采用标准化设计，便于工厂化生产，同时应尽量将浇筑工作移至工厂内完成，减少现场工作量，这样不仅可以保证构件质量，同时对环境的影响大幅减少。目前上部结构的预制装配技术较成熟，与下部结构相比，上部结构的现浇施工对交通的影响更大，因此上部结构应积极采用预制装配技术；下部结构则应结合实际情况，尽量采用预制装配技术。

4.3.6 通过低影响开发设施的调蓄、渗透、滞纳和净化作用，削减路面雨水径流排放量，去除路面雨水径流污染。

为充分利用低影响开发设施的表层空间和下部结构进行雨水的滞蓄和渗透，雨水口应布置在低影响开发设施内地势较低的位置，超过低影响开发设施滞蓄能力的雨水通过溢流方式进入雨水口排放。

高架下部绿化带内可设置溢流式雨水口，超过绿化带渗蓄能力的雨水可通过雨水口及时排出。高架路面雨水经初期弃流后，可收集用于绿化灌溉，雨水收集利用规模可结合绿化灌溉用水量、供水设施的分布以及绿化养护管理的实际需求合理确定。

4.3.10 公路沿线如经过居民区、学校、医院等路段，应注重发挥绿化的隔音降噪功能。可在两侧绿带内设计起伏和顺的地形，或沿路设置边沟，通过竖向设计减弱路面震动。

以发挥生态效益最大化为原则，提倡栽植小规格苗木，种植间距应充分预留植物的生长空间，使其能自然生长至壮年时期形成完整冠幅。

4.3.11 宜将公路两侧农田、林带、水系等同公路绿化景观相结合，并注重多年生草花、宿根花卉的运用。秋色大乔木可有效展示本市季相变化鲜明的景观特色。

4.3.12 路侧土坡区域在没有护栏的路段，土路肩上的草本地被能为紧急情况下驶入的车辆提供缓冲空间。

4.3.13 公路路基一般会阻隔沿路两侧动物的迁徙路径，绿色公路的建设宜为其考虑安全可行的沿路及过路通道，并选择其原生环境的植物种类及相近的配置方式种植灌木带，形成较隐蔽的动物通道，引导小型动物的穿行。横向通道可根据工程情况和环境特点，选择下穿的形式。

4.4 节能提效

4.4.5 采用多样化的非现金支付方式，提供人性化服务，提高收费站的整体通行效率。

4.5 品质提升

4.5.3 服务区应设置停车场、公共厕所、饮水装置和休息区，有条件的宜设置室内休息区；宜设置便利店、宣传栏、加油站、充电桩和紧急求助终端等功能。

5 施 工

5.1 资源利用

5.1.1 日常施工生产过程中所产生的污水容易对周边环境造成污染，也会增加公共排放处理设施的负担。采用一体化的生活污水处理方案能同时满足净化和循环利用的要求。以上海市某跨江大桥工程为例，其施工临时生活区位于上海市二级水源保护地，周边无污水管道，采用设置为 $Q=36\ \mathrm{m^3/d}$ 的一体化污水净化处理系统，污水净化达标后用于现场施工、车辆冲洗、便道喷雾、绿化喷灌等。

5.1.3 利用建筑废料生产符合使用要求的筑路材料，可有效减少天然原材料的使用，同时能够减轻废弃材料对环境产生的负担，符合可持续发展理念。在上海市某公路改建工程项目中，原有混凝土路面结构经集中破碎后，筛选粒径、压碎值等参数满足设计要求的再生料，用于公路工程部分路基填筑结构。

6 运　维

6.4 品质提升

6.4.5 智能巡检、智能识别等技术包含但不限于借助传感器、视频图像识别、物联网及人工智能等技术手段，实现设施设备缺损和故障、保护区侵入、路面缺陷、交通异常状态（交通事故、抛锚、自燃等）等的在线快速巡检和识别；借助人工智能、图像识别等技术，实现作业人员、车辆及作业区管理等。

6.4.9 预防性养护可考虑采用微表处、含砂雾封层、薄层罩面等技术。

附录 B　可不参评指标的限制性条件

B.1　一般规定

B.1.2　若某三级指标下的部分计分项不适用于待评估公路，可仅针对不适用于待评估公路的计分项进行不参评申请。